VENTE DU LUNDI 29 FÉVRIER 1904

HOTEL DROUOT. — SALLE N° 8

CATALOGUE

DE

BEAUX LIVRES MODERNES

TRÈS BIEN RELIÉS

ÉDITIONS ORIGINALES D'AUTEURS CONTEMPORAINS

OUVRAGES ENRICHIS D'AQUARELLES

ESTAMPES

COMPOSANT

LA BIBLIOTHÈQUE DE M. G. D.

MEMBRE DE LA SOCIÉTÉ DES BIBLIOPHILES CONTEMPORAINS

PARIS

LÉON SAPIN, LIBRAIRE

3, RUE BONAPARTE, 3

1904

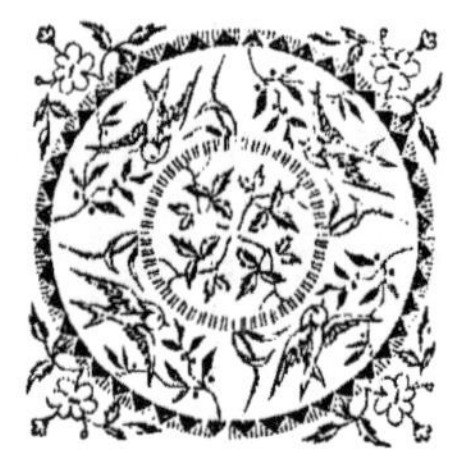

CATALOGUE

DE

BEAUX LIVRES MODERNES

composant la

BIBLIOTHÈQUE DE M. G. D.

LA VENTE AURA LIEU

Le Lundi 29 Février 1904

A deux heures précises de l'après-midi

HOTEL DES COMMISSAIRES-PRISEURS, 9, RUE DROUOT

Salle n° 8, au premier étage

Par le Ministère de M° MAURICE DELESTRE, Commissaire-Priseur
5, Rue Saint-Georges, 5

Assisté de M. LÉON SAPIN, Libraire
3, Rue Bonaparte, 3

CONDITIONS DE LA VENTE

La vente se fait au comptant.

Les acquéreurs paieront 10 p. 100, en sus du prix d'adjudication.

Les livres vendus devront être collationnés sur place.

M. SAPIN se réserve la faculté, dans l'intérêt de la vente, de réunir ou de diviser les numéros du catalogue. Il remplira les commissions qu'on voudra bien lui confier.

CATALOGUE

DE

BEAUX LIVRES MODERNES

TRÈS BIEN RELIÉS

ÉDITIONS ORIGINALES D'AUTEURS CONTEMPORAINS

OUVRAGES ENRICHIS D'AQUARELLES

ESTAMPES

COMPOSANT

LA BIBLIOTHÈQUE DE M. G. D.

MEMBRE DE LA SOCIÉTÉ DES BIBLIOPHILES CONTEMPORAINS

PARIS

LÉON SAPIN, LIBRAIRE

3, RUE BONAPARTE, 3

—

1904

ORDRE DE LA VACATION

~~~~~~~~~~~~~~~

Lundi 29 Février 1904

———
~~~~~~~~~~~~~~~

CATALOGUE
DE LA COLLECTION
De M. G. D.

LIVRES ANCIENS

1. **Cervantes** (Michel de). Don Quichotte de la Manche, traduit de l'espagnol par Florian. *Paris, Deterville, an VII*, 3 vol. in-8, 24 figures par Lefèvre et Le Barbier, br. non rog. (manque le portrait).

2. **Delille** (J.). La Pitié, poème, avec quatre figures par Monsiau. *Paris*, 1803, in-8, mar. rouge, tr. dor.

3. **Divers**, 16 volumes in-12, rel.
    Arioste. Roland furieux, trad. par le comte de Tressan, 1796, 6 vol., figures. — **Bussi-Rabutin**. Histoire amoureuse des Gaules, 1754, 5 vol. — **Héliodore**. Amours de Théagenes et Chariclée, 1757, 2 vol., figures. — **Boccace**. Contes et Nouvelles, 1744, 2 vol. — **Laroche**. Histoires des favorites.

4. **Hancarville** (D'). Monumens de la vie privée des Douze César, d'après une suite de pierres gravées

sous leur règne. — Monumens du culte secret des
dames romaines, pour servir de suite aux monu-
ments de la vie privée des Douze César. *A Caprée,
chez Sabellies*, 1780, 2 vol. in-4, figures, dem.-rel.,
mar. rouge, fil. dos orné, non rog.

5. **Levayer de Boutigny**. Tarsis et Zélie, nouvelle édition. *Paris, Musier*, 1774, 3 vol. in-8, 3 frontispices
par Cochin, Moreau et Eisen, 3 fleurons et 20 vignettes par Eisen, v. éc., fil., dos orné, tr. dor.
Premier tirage.

6. **Malfilatre**. Narcisse dans l'Isle de Vénus. *Paris,
Lejay, s. d.* (1769), in-8, figures de Eisen et St-Aubin,
v. éc.

7. **Monet**. Anthologie Françoise ou Chansons choisies
depuis le 13e siècle jusqu'à présent, *s. l. (Paris)*,
1765, 3 vol. in-8, portrait et frontispices par Gravelot, Cochin, etc., gr., v. rac.

8. **Ovide**. Les Métamorphoses, représentées en cent-
quarante estampes gravées au burin, sur les dessins
des meilleurs Peintres français par les plus habiles
graveurs. *Paris, Desray*, 1807, 2 vol. in-8, fig. de
Monnet, Eisen, Boucher, Moreau, papier vélin, cart.
non rog.

9. **Pérau**. Description historique de l'Hôtel Royal des
Invalides, avec les plans, coupes, élévations géomé-
trales de cet Edifice, et les Peintures et Sculptures
de l'Eglise, dessinées et gravées par Cochin. *Paris,
Guillaume Desprez*, 1756, in-fol., v. m., fleurs de lys
aux coins et au dos.

10. **Punt**. Funérailles de Guillaume-Charles-Henri,
prince d'Orange, avee 45 planches, gravées par
Punt. *La Haye, Pieter Gosse*, 1755, in-fol. cart.
Mouillures aux coins des premiers f-f. et petites déchirures
dans les marges.

11. **Théâtre de Société**, contenant : La Partie de chasse de Henri IV, par Collé. *Paris*, 1766, 4 figures de Gravelot. — Le Philosophe sans le savoir, par Sedaine, 1766. — La Bergère des Alpes, par Marmontel, 1766, 1 figure de Gravelot. — La Reine de Golconde, conte, 1761, front. en un vol. in-8, v. m.

12. **Valesius**. Museum Cortoneuse, in quo vetera monumenta complectuntur quae in Academia Etrusca adservantur. *Rome*, 1750, pet. in-folio, 85 planches, v. m.

13. **Virgilii Maronis**. Opera, per Johœneis Ogilvium edita, et sculpturis Aéneis adornata. *Londini, Thomas Roycroft*, 1663, in-fol., v. br.

    104 planches de Hollar et autres.

14. **Voltaire**. La Pucelle d'Orléans, poème, édition ornée d'un port. et de 21 figures gravées par les meilleurs artistes (Marillier, Monsiau, etc.). *Paris, an VII*, 2 vol. in-8, cart. non rog.

    Exemplaire sur papier vélin.

15. **Weiss**. Représentation des Fêtes données par la ville de Strasbourg, pour la convalescence du Roi, à l'arrivée et pendant le séjour de Sa Majesté en cette Ville. *S. l. n. d.* (1745), gr. in-fol. v. m. *Aux Armes de Louis XV*.

    . Très joli titre gravé par Marvye, 11 grandes planches doubles, gravées par Le Bas, 20 pages de texte, gravées par Marvye, avec vignettes, culs-de-lampe, et encadrements variés à chaque page.

LIVRES MODERNES

16. **Almanach**. Apollon et les Muses, calendrier dédié et présenté à l'Impératrice Joséphine. *Paris, Chaise,* 1807, pet. in-4, frontispice et 10 gravures en couleurs avec encadrements par Laffitte, v. f., tr. dor.

17. **Almanachs** Henri Boutet. *Paris,* 1887 à 1895, 9 volumes in-16, eaux-fortes, cart., couv. illust. avec étuis.

18. **Annales Littéraires**. Publication collective des Bibliophiles contemporains. *Paris, imprimé pour les Sociétaires de l'Académie des Beaux-Livres,* 1890-1893, 4 vol. gr. in-8, figures en noir et en couleurs, br., couv. illust. — **Annales** administratives des Bibliophiles Contemporains. Statuts et Règlements. *Paris,* 1889, 1890 et 1894, 3 vol. in-8, br., couv. imp.

19. **Aretino** (Pietro). Les Ragionamenti ou Dialogues ; traduction complète. *Paris, Liseux,* 1882, 6 vol. in-8, port., cart. brad., non rog., couv. imp.

On a ajouté la suite complète de 20 eaux-fortes, dans un carton.

20. **Art (L') et l'Idée**. Revue Contemporaine illustrée. Le Dilettantisme et la Curiosité. Publiée par Octave Uzanne. *Paris, Quantin,* 1892, 2 vol. gr. in-8, figures dem.-rel., mar. grenat avec coins, fil., dos mos., tête dor., non rog., couv. illust. *(Meunier)*.

Collection complète. Un des 30 exemplaires sur Japon (n° 1), contenant un certain nombre de compositions en double état. Illustrations en noir et en couleur par Rops, Grasset, Lunois, Chéret, Lepère, Morin, Vidal, Schwabe, etc.

21. BADAUDERIES PARISIENNES. Les Rassemblements ; physiologies de la rue, observées et notées, par Paul Adam, Tristan Bernard, Ernest La Jeunesse, Pierre Veber, etc. ; gravures hors texte de F. Vallotton, vignettes dans le texte, de F. Courboin, *Paris, imprimé pour les Bibliophiles Indépendants,* 1896, in-4, br., couv. imp.

Tiré à 220 exemplaires (n° 21).

22. Baffo (Giorgio). Poésies complètes en dialecte vénitien, littéralement traduites pour la première fois, avec le texte en regard, orné du portrait de l'auteur. *Paris, Liseux,* 1884, 4 vol. gr. in-8, cart. brad., non rog., couv. imp.

Tiré à cent exemplaires (n° 100), avec le portrait en deux états.

23. BALADES DANS PARIS. — Au moulin de la galette. A l'Hotel Drouot. — Sur les quais. Au Luxembourg. — Notes inédites par M. M. E. R. (Rodrigues), P. Eudel, Gausseron et A. Retté. *Paris, imprimé pour les Bibliophiles contemporains,* 1894, pet. in-4 br., couv. illust.

Livre tiré pour les seuls sociétaires à 180 exempl. numérotés (n° 46). Il est encadré à chaque page de lithographies polychromées par A. Lunois et illustré d'une couverture en couleurs, gravée à l'eau-forte par E. Delattre, de 15 aquarelles à pleine page de A. Bertrand et de 4 eaux-fortes du même, en double-état, en noir et en couleurs.

24. BARRÈS (Maurice). Du sang, de la Volupté et de la Mort. *Paris, Charpentier,* 1894, in-12, mar. rouge, dent. int., tête dor., non rog., couv. imp.

Première édition. Un des 15 exemplaires sur papier de Hollande (n° 3), avec **vingt-cinq dessins originaux rehaussés d'aquarelles** par Emile Coulon, élève de Rops.

25. Berggruen (Oscar). Cortège historique de la Ville de Vienne. *Paris, Quantin,* 1879, in-fol., figures, en feuilles dans un carton.

26. **Berquin**. Pygmalion, scène lyrique de J.-J. Rousseau, illustrations de Moreau le Jeune, suivi d'une
idylle de Berquin, vignettes de Marillier, réimpression sur l'édition originale de 1775. *Paris, Lemonnyer*, 1883, gr. in-8 br., couv. illust.

Un des 25 exemplaires sur papier de Chine, avec triple état
des gravures.

27. **Bosc** (Ernest). Dictionnaire de l'art, de la curiosité
et du bibelot. *Paris, F. Didot*, 1883, gr. in-8, figures,
dem.-rel., mar. vert.

28. **Brayley** (E. W.). The ancient castles of England
and wales ; engraved by W. Woolnoth, with histo-
rical descriptions by Brayley. *London*, 1825, 2 vol.
in-4, pap. vél. demi-rel. cuir russe, non rog.

Édition tirée in-4, avec les 96 planches en premières épreuves
sur papier de Chine et 13 plans. — Exempl. provenant de la bi-
blioth. du roi Louis-Philippe, cachets de sa bibl. de Neuilly sur
les titres, ses armes et initiales dorées sur le dos. Légère mouill.
dans la marge du tome 2.

29. **Cahun** (Léon). La Vie Juive, illustrations d'Alphon-
se Lévy. *Paris, Monnier*, 1886, gr. in-8, br. couv.
illust.

Un des 50 exemplaires sur Japon (n° 24).

30. **Cervantès.** Rinconète et Cortadillo, nouvelle,
soixante-sept compositions par Atalaya, traduction
et notes de Louis Viardot. *Paris, Boudet*, 1891, gr.
in-8, br. couv. illust.

Un des cinquante exemplaires (n° 44) sur papier de Chine avec
un tirage à part, également sur Chine, de tous les bois.

31. **Chorier** (Nicolas). Les Dialogues de Luisa Sigea
sur les arcanes de l'Amour et de Vénus, ou Satire
Sotadique. *Paris, Liseux*, 1882, 4 vol. in-8, cart.
non rog., couv. imp.

32. **Cleland** (John). Mémoires de Fanny Hill, traduits de l'anglais par Isidore Liseux. *Paris, Liseux*, 1887, in-8, cart. brad., n. rog., couverture impr.

> Tiré à 150 ex. sur papier de Hollande.

33. **Cohen** (Henry). Guide de l'amateur de livres à figures et à vignettes du XVIIIe siècle. Troisième édition entièrement refondue et considérablement augmentée par Charles Mehl. *Paris, Rouquette*, 1876, in-8, dem.-rel. mar. avec coins, dos orné, tête dor., non rog., couv. imp.

34. **Collection Charavay.** 3 volumes in-18, eaux-fortes, dem.-rel. ch. avec coins, tête dor,, non rog., couv. ill.

> **Bonhomme.** Madame de Pompadour général d'armée. — **Lhuillier.** Hégésippe Moreau et son Diogène, 1881. — **Welschinger.** Les Bijoux de Mme du Barry.

35. **Collection Gay.** 5 volumes in-12 et in-18, rel. et br., couv. imp.

> **Collé.** Parades inédites, 1864. — **Crébillon fils.** Tableaux des mœurs du temps. — **Cuisin.** Les Femmes entretenues dévoilées, 1883, 2 tomes en un vol. — **Henry.** Le Diable dupé par les femmes, 1881, frontispice (impression en trois couleurs). — Le Putanisme d'Amsterdam, 1883, frontisp.

36. **Collection Hurtrel.** 3 volumes in-8 et in-18, figures en noir et en couleurs, br., couv. illust.

> **Amerval** (Eloy d'). La Grande Diablerie, ill. de P. Avril, G. Fraipont, etc., 1884. — **Dive.** La Belle Armurière, ill. de Uzès, etc., 1886. — **Hurtrel** (Mme). Les Aventures Romanesques d'un comte d'Artois, ill. de Adrien Marie, 1883 (exemplaire sur Chine).

37. **Collection Liseux.** 3 vol. in-8, cart. brad. non rog., couv. imp.

> **Aretino.** Les Sonnets Luxurieux, 1882. — **Caro.** La Chanson de la Figue, 1886. — **Kalyana Malla.** Ananga-Ranga, traité hindou de l'amour conjugal, 1886.

38. Collection Liseux. 3 volumes in-8 et in-12, cart. non rog., couv. imp.

> **Fabritti.** Le Couvent Hospitalier, 1885. — **Piccolomini.** La Raffaella, 1884. — **Vignale.** La Cazzaria, 1882.

39. Collection Liseux. 3 vol. in-8, cart. non rog., couv. imp.

> **Lemnius.** Les Noces de Luther ou la Monachopornomachie, 1893. — **Panormita.** L'Hermaphrodite, 1892. — **Contes secrets Russes,** 1891.

40. Collections Monnier, Brunhoff, etc. 24 volumes pet. in-8, illustrations de Caran d'Ache, Lunel, Bac, Louis Legrand, etc., br., couv. illust.

> **Aruss.** Sottisier. — **Benigne.** A Demi Mot. — **Cadol.** Le Cheveu du Diable. — **Champsaur.** La Gomme. — **Devaux-Mousk.** Fleurs du Persil. — **Gayda.** Ce Brigand d'Amour. — **Foley.** Les Saynètes. — **Laforest.** Contes à la Paresseuse. — **Lavedan.** Reine Janvier. — **Lemonnier.** Les Concubins. — **Lyne** (De). Le Lieutenant Cupidon. — **Mendès.** Lilia et Colette. — **Montagne.** La Feuille. — **Péladan.** Femmes Honnêtes. — **Richard.** Malingreux. — **Saint-Môr.** Ça porte bonheur ! — Péchés mortels. — **Talmeyr.** Histoires joyeuses et funèbres. — **Vignon.** 20 Jours en Espagne. — Pommes d'Eve. — Contes de Figaro (3e édition). — Contes de Gil Blas (2 vol.). — Histoires débraillées, rel.
>
> Premières éditions.

41. Colonna (Francesco). Le Songe de Poliphile, traduit par Claudius Popelin, figures sur bois gravées par A. Prunaire. *Paris, Liseux,* 1883, 2 vol. in-8, cart. non rog., couv. imp.

> Exemplaire sur Hollande (no 234).

42. Delapalme. Le Livre de mes petits-enfants, dessins par Giacomelli. *Paris, Hachette,* 1866, in-4, cart. illust. de l'édit., tr. dor.

> Premier tirage.

43. Delicado (Francisco). La Lozana Andaluza (La Gentille Andalouse), traduit par Alcide Bonneau.

Paris, Liseux, 1888, 2 vol. in-8, cart. non rog., couv. imp.

Tirage unique à 220 exemplaires (nᵒ 216).

44. **Delvau** (Alfred). Les Heures Parisiennes, 25 eaux-fortés d'Emile Benassit. *Paris, Marpon*, 1882, in-8, dem.-rel. dos orné, tête dor., non rog., couv. illust.

45. **Dorat.** Les Baisers, précédés du Mois de Mai, réimpression textuelle sur l'édition originale de 1770 avec les gravures d'Eisen. *Rouen, Lemonnyer*, 1880, in-8, br., couv. imp.

46. **Du Barry** (Comtesse). Nouvelles à la main sur la comtesse du Barry, trouvées dans les papiers du comte de ***, revues et commentées par Emile Cantrel. Introduction par Arsène Houssaye. *Paris, Plon*, 1861, in-8, figures, dem.-rel. mar. orange avec coins, dos orné, tête dor., non rog. (*Hardy*).

On a ajouté aux illustrations du volume, 57 portraits et gravures, et deux dessins dont un par Girardet. Beaucoup de ces figures sont avant la lettre ou sur papier de chine.

47. **Dulaure** (Jacques-Antoine). Des Divinités Génératrices ou Du Culte du Phallus chez les Anciens et les Modernes. *Paris, Liseux*, 1385, gr. in-8, dem.-rel. mar. grenat avec coins, tête dor., non rog., couv. imp. (*Champs*).

On a ajouté le portrait de Dulaure en deux états.

48. **ESPARBÈS** (Georges d'). La Légende de l'Aigle. *Paris, Dentu*, 1893, in-12, mar. rouge, dent. int., tête dor., non rog., couv. illust. (*Dervois*).

Première édition. Un des 15 exemplaires (nᵒ 5) sur Hollande, **trente aquarelles originales de Sta**, à pleine page et dans les marges.

49. **Estampe Moderne** (L'), Revue Mensuelle, burin, eau-forte, lithographie, bois. *Paris*, 1895-1896, 6 numéros in-4, couv. imp.

Un des dix exemplaires sur Japon (nᵒ 3). Collection complète.

50. **Favre** (De). Les Quatre Heures de la Toilette des Dames, poème érotique, orné de belles figures en taille-douce par Leclerc. *Paris, Lemonnyer*, 1883, in-8, br. couv. imp.

Exemplaire sur papier de Chine avec figures en deux états.

51. **FÉMINIES**. Huit Chapitres inédits dédiés à la Femme, à l'Amour, à la Beauté, par Gyp, Abel Hermant, Henri Lavedan, Marcel Schwob et Octave Uzanne. Frontispices en couleurs d'après Félicien Rops. Encadrements et vignettes de Rudnicki. *Paris, imprimé pour les Bibliophiles Contemporains*, 1896, gr. in-8 br., couv. ilust.

Tiré à cent quatre-vingt-trois exemplaires sur Japon (n° 43), avec les 8 frontispices de Rops en deux états, noir et couleurs.

52. **Feuillet** (Octave). Julia de Trécœur. *Paris, Calmann Lévy*, 1885, in-12, cart., non rog., couv. imp.

Première édition. Exemplaire sur papier vélin, avec **cinq** aquarelles originales de **Lebègue**.

53. **FIGURES DE PARIS**. Ceux qu'on rencontre. Celles qu'on frôle, illustrations en couleurs de Victor Mignot, proses de MM. Maurice Beaubourg. — André Beaunier. — Saint-Georges de Bouhélier. — Louis Codet. — Franc-Nohain. — Alfred Jarry. — Gustave Kahn. — Tristan Klingsor. — Albert Lantoine. — Jean Lorrain. — Charles-Louis Philippe. — Edmond Pilon. — Georges Pioch. — Hugues Rebell. — Octave Uzanne. *Paris, pour les Bibliophiles Indépendants*, 1901, in-4, br. couv. illust.

Tiré à 218 exemplaires sur vélin de Hollande (n° 21).

54. **FLAUBERT** (Gustave). Hérodias, compositions de Georges Rochegrosse, gravées à l'eau-forte par

Champollion. Préface par Anatole France. *Paris,
Ferroud*, 1892, in-8, br. couv. illust.

Exemplaire sur Japon (n° 51), avec trois états des eaux-fortes ;
eaux-fortes pures, eaux-fortes avant lettre, et une suite avec la
lettre.

55. **Forberg**. Manuel d'Erotologie classique. *Paris,
Liseux*, 1882, 2 vol. in-8, cart. non rog.

56. **Français peints par eux-mêmes** (Les). Encyclo-
pédie morale du XIXe siècle, 4 vol. — Province, 3
vol. — Le Prisme, illustrations de Gavarni, Dau-
mier, Henri Monnier, etc. *Paris, Curmer*, 1840-42,
ensemble 8 vol. in-8, demi-rel.

57. **FRANCE** (Anatole). La Leçon bien apprise, conte
imagé par Léon Lebègue. *Paris, pour les Bibliophiles Indépendants*, 1898, in-8 carré, br. couv.
illust.

Tiré à 210 exemplaires sur japon (n° 21), en deux tons et
entièrement aquarellé à la main sous la direction de l'artiste,
avec un tirage à part, en noir, sur chine, des illustrations.

58. **GAUTIER** (Théophile). Le Roi Candaule, illustré
de vingt et une compositions par Paul Avril. Préface par Anatole France. *Paris, Ferroud*, 1893, in-8,
br. couv. imp.

Exemplaire sur Japon (n° 55) avec 3 états des eaux-fortes ;
eaux-fortes pures, eaux-fortes terminées avant la lettre, et une
suite avec la lettre.

59. **Glady** (Albéric). Jouir. *Paris, Glady*, 1875, in-12,
cart. non rog. couv. imp.

Première édition. Exemplaire sur Hollande.

60. **Goncourt** (Ed. et J. de). 2 volumes in-12, demi-rel.
non rog. couv. imp.

L'Amour au Dix-Huitième siècle, 1875, front. — La Lorette,
avec un dessin de Gavarni, gravé par J. de Goncourt, 1883.

61. **GONCOURT** (Edmond et Jules de). La Lorette, avec un dessin de Gavarni, gravé par J. de Goncourt. *Paris, Charpentier*, 1883, pet. in-12, br. couv. imp.

> Exemplaire sur Hollande, **avec neuf aquarelles originales de Bourdin.**

62. **GOUDEAU** (Emile). Tableaux de Paris. Paris qui consomme, dessins en couleurs de Pierre Vidal. *Paris, imprimé pour Henri Béraldi*, 1893, in-4, br. couv. imp.

> Tirage unique à 138 exemplaires sur papier vélin des Vosges (n° 61).

63. **GOUDEAU** (Emile). Poèmes Parisiens, illustrations de Ch. Jouas, gravées sur bois par H. Paillard. *Paris, imprimé pour Henri Béraldi*, 1897, in-8, br. couv. imp.

> Tirage unique à 138 exemplaires sur papier de chine (n° 67).

64. **GRASSET** (Eugène). Histoire des Quatre Fils Aymon, très nobles et très vaillans chevaliers, illustrée de compositions en couleurs, par E. Grasset, gravure et impression par Charles Gillot. *Paris, Launette*, 1883, in-4, en feuilles dans 3 cartons de l'édit., *couv. illust.*

> Un des 100 exemplaires sur Japon (n° 57).

65. **Halévy** (Ludovic). L'Abbé Constantin, illustré par Madeleine Lemaire. *Paris, Boussod et Valadon*, 1887, in-4, br. couv. imp.

> Exemplaire sur papier vélin.

66. **Halévy** (Ludovic). Mariette, quarante compositions de Henry Somm. *Paris, Conquet*, 1893, pet. in-8 br., couv. illust.

> Portrait et aquarelle de Somm ajoutés.

67. **HARAUCOURT** (Edmond). Le Sire de Chambley. La Légende des sexes, poèmes hystériques. *Imprimé à Bruxelles pour l'auteur*, 1882, in-8, rel. mar. du

Lev. grenat foncé, sur le plat recto, dessin allégorique, avec ornem. mosaïque. Le cadran de l'amour suspendu dans le haut et attributions macabres dans le bas. Au verso : écusson mos. entouré d'amours et d'oiseaux ; mors de mar., dent. intér., doublure et garde en moire jaune, tr. dor. sur fausses marges, couv. conservée, dans un étui doublé de mar. (*Meunier*).

Précieux exempl. de cet ouvrage curieux, imp. à 200 ex. numér. (n° 20), non mis dans le commerce. Celui-ci, avec hommage aut. signé de l'auteur, sur le faux-titre est enrichi de 80 **aquarelles originales de Lebègue**, tant en plein que dans les marges.

68. **HARAUCOURT** (Edmond). L'Effort. La Madone. L'Antéchrist. L'Immortalité. La Fin du Monde. *Paris, publié pour les Sociétaires de l'Académie des Beaux Livres, Bibliophiles contemporains*, 1894, in-4, br., couv. illust.

Illustrations en noir et en couleurs dans le texte et hors texte par Lunois, Courboin, Schwabe et Rudnicki.

69. **HERVIEU** (Paul). Flirt, illustré par Madeleine Lemaire. *Paris, Boussod et Valadon*, 1890, in-4, br. couv. imp.

Un des cent exemplaires sur papier de Japon, renfermant trois suites des planches, une en noir sur Japon, une en camaïeu sur whatman et une en bistre sur Japon, ces deux dernières dans un carton.

70. **Hugo** (Victor). Notre-Dame de Paris, illustrations de Luc-Olivier Merson. *Paris, Ferroud*, 1889, 2 vol. in-4, br. couv. illust.

Tirage de grand luxe à cinquante exemplaires (n° 20) sur papier vergé avec double suite des eaux-fortes.

71. **Image** (L'). Revue Artistique et Littéraire ornée de figures sur bois, paraissant tous les mois. *Paris, Floury*, 1896-1897, 12 numéros pet. in-fol., couv. imp.

Un des 100 exemplaires sur papier de Chine, contenant un

tirage à part sur papier de Chine de toutes les gravures, et les fumés de douze planches importantes publiées dans le texte.

On a ajouté le prospectus spécimen illustré.

72. **Jacobus** (D^r). L'Amour aux colonies, singularités physiologiques et passionnelles, observées durant trente années de séjour dans les colonies françaises. *Paris, Liseux,* 1893, gr. in-8, cart. non rog., couv. imp.

73. **Jullien** (Adolphe). La Comédie et la Galanterie au XVIIIe siècle. *Paris, Rouveyre,* 1879, in-8, eaux-fortes et figures, dem.-rel. mar. bleu avec coins, tête dor., non rog.

Exemplaire sur papier whatman (n° 62) avec triple état des figures.

74. **La Borde** (De). Choix de Chansons mises en musique, ornées d'estampes par J.-M. Moreau. *Rouen, Lemonnyer,* 1881, 4 vol. gr. in-8, dem.-rel., tête dor., non rog.

Réimpression sur papier de Hollande, 2 port., 4 front. et 200 fig.

75. **La Fontaine.** Contes et Nouvelles en vers. *Paris, Barraud,* 1874, 2 vol. in-8, figures en feuilles dans deux cart. de l'édit., couv. imp.

Un des cent exemplaires sur whatman de la réimpression de l'édition des Fermiers Généraux. Figures sur Chine avant la lettre (n° 94).

76. **La Fontaine.** Contes, avec illustrations de Fragonard, réimpression de l'édition de Didot, 1795, revue et augmentée d'une notice par Montaiglon. *Paris, Lemonnyer,* 1883, 2 vol. in-4 dem -rel. mar. du Lev. avec coins, têtes dor., non rog.

Un des cent exemplaires sur papier vélin à la cuve, avec une double suite des figures avant la lettre et eaux-fortes.

77. **La Mésangère.** Galerie française de Femmes Célèbres par leurs talens, leur rang ou leur beauté, portraits en pied dessinés par Lauté, la plupart

d'après des originaux inédits et coloriés avec soin, avec des notices biographiques et des remarques sur les habillemens. *Paris, Le Roi*, 1841, in-4, dem.-rel. mar. rouge, dos orné.

78. **Lano** (Pierre de). Les Bals travestis et les Tableaux vivants sous le Second Empire, illustré de vingt-cinq aquarelles hors texte par Léon Lebègue. *Paris, Empis*, 1893, in-8, en feuilles, couv. illust.

Un des 50 exemplaires sur Japon (n° 10).

79. **LEMAITRE** (Jules). Contes blancs, illustrations à l'aquarelle page à page, par Mlle Blanche Odin, soixante-douze compositions épousant le texte. *Paris, Imprimé pour les Bibliophiles indépendants*, 1900, pet. in-4, br., couv. imp.

Exemplaire sur japon filigrané au Lys, format des *Rassemblements*, d'environ soixante-quinze pages toutes aquarellées à la main. Double tirage des illustrations, avant texte et sans couleur, imprimé par Chamerot et Renouard.

80. **Le Riche**. Vues des Monumens antiques de Naples, gravées à l'Aqua-tinta, accompagnées de notices. *Paris, Bruère*, 1827, in-4, 53 planches et 6 plans, cart. non rog.

81. **Lettres et les Arts** (Les). Revue illustrée. *Paris, Boussod-Valadon*, 1886-1889, 16 vol. en 48 fascicules in-4, eaux-fortes, gravures en couleurs, photogravures dans le texte et hors texte, br., couv.

Collection complète.

82. **Lister** (Martin). Voyage à Paris en 1698, traduit pour la première fois, publié et annoté par la Société des Bibliophiles François. *Paris, Pour la Société des Bibliophiles*, 1873, in-4, dem.-rel. mar. avec coins, tête dor. (*Champs*).

Exemplaire imprimé pour la Bibliothèque du Comte de Behague.

83. **Livre Moderne** (Le). Revue du Monde Littéraire et des Bibliophiles Contemporains, publiée par Octave Uzanne. *Paris, Quantin*, 1890-1891, 4 vol. — Table générale, dressée par Michel Mourlevat. *Paris,* 1892, ensemble 5 vol. gr. in-8, dem.-rel. mar. bleu avec coins, fil., dos mos., tête dor., non rog., couv. imp. (*Meunier*).

Collection complète. Un des 20 exemplaires sur Japon (n° 3) avec double suite des figures en noir et en couleurs, par P. Avril, L. Morin, Chéret, F. Rops, Robida, Willette, etc.

84. **Longus**. Daphnis et Chloé, compositions de Raphaël Collin, gravées à l'eau-forte par Champollion, préface de J. Claretie. *Paris, Launette*, 1890, gr. in-8, en feuilles dans un carton de satin avec titre doré, couv. imp.

Tirage de luxe à 50 exemplaires numérotés sur papier à la cuve (n° 20), les planches et vignettes en deux états.

85. **Maillard** (Léon). Henri Boutet, graveur et pastelliste. — Catalogue raisonné. *Paris, Dentu et Floury,* 1894-1895, 2 vol. in-4, eaux-fortes, br., couv. illust.

Un des 35 exemplaires sur Japon, avec deux états du tirage des planches.

86. **Marguerite** (Reine de Navarre). L'Heptaméron des Nouvelles. *Paris, Eudes*, 1880, 4 vol. pet. in-8, dem.-rel. v. rose, dos ornés, têtes dor.

On a ajouté 77 gravures d'après Freudenberg. *Paris, Eudes, s. d.*, en feuilles dans un cart. de l'édit.

87. **Massimi** (Pacifico). Hecatelegium, ou Les Cent Elégies satiriques et gaillardes. *Paris, Liseux*, 1885, in-8, cart. non rog., couv. imp.

Edition privée à cent vingt exemplaires (n° 33).

88. **Maupassant** (Guy de). Clair de Lune, illustrations de Grasset, Mars, Renouard, Rochegrosse, etc. *Paris, Monier*, 1884, gr. in-8, cart. non rog., couv. imp.

Première édition.

89. **Maupassant** (Guy de). Des Vers. *Paris, Havard,* 1884, in-12, port., br., couv. imp.

Un des 20 exemplaires sur papier whatman, orné de **quarante-six dessins originaux de Lebègue,** dont 22 grands sujets à pleine page, et 24 petits sujets.

90. **Maupassant** (Guy de). Pierre et Jean, illustré par Ernest Duez et Albert Lynch. *Paris, Boussod et Valadon,* 1888, in-4, br., couv. imp.

Exemplaire sur papier vélin.

9i. **MAUPASSANT** (Guy de). Contes Choisis, publiés par les Bibliophiles Contemporains. — Le Loup-Hautot père et fils. — Allouma. — Mouche. — La Maison Tellier. — Un Soir. — Le Champ d'oliviers. — Mademoiselle Fifi. — L'Epave. — Une Partie de Campagne. *Paris, Imprimé aux frais et pour les sociétaires de l'Académie des Beaux Livres,* 1891-1892, 10 fascicules in-8, br., couv. imp. et la couverture générale.

Cet ouvrage, non mis dans le commerce, n'a été tiré que pour les Sociétaires des Bibliophiles contemporains (nᵒ 43). Ces dix fascicules sont illustrés de figures en noir et en couleurs par Pierre Vidal, P. Avril, Lunois, F. Rops, P. Gervais, Jeanniot, etc. Frontispice gravé en couleurs par P. Avril d'après F. Rops.

L'Epave, annoncée comme non illustrée, contient à part 6 planches lithographiées par A. Lunois. — Une Partie de Campagne : un frontispice aquarellé par H. Boutet. — Mademoiselle Fifi : une planche en couleurs de Ch. Morel formant double épreuve.

92. **Meunier** (Charles). Cent Planches de Reliures d'art, composées et exécutées par Charles Meunier, relieur-doreur, 1ᵉʳ album, 1889-1894. *Paris,* 1895, in-4, figures, dem.-rel. avec coins, non rog., couv. imp.

Tiré à 100 exemplaires non mis dans le commerce (nᵒ 51).

93. **Montorgueil** (Georges). Les Déshabillés au Théâtre, illustrations de Henri Boutet. *Paris, Floury,* 1895, pet. in-8, br., couv. illust.

Exemplaire sur Japon avec les eaux-fortes en deux états.

94. Montorgueil (Georges). La Vie à Montmartre, illustrations de Pierre Vidal. *Paris, Boudet, s. d.,* gr. in-8, br., couv. illust.

Exemplaire sur papier vélin du Marais.

95. Montorgueil (Georges). Les Parisiennes d'à présent, illustrations de Henri Boutet. *Paris, Floury,* 1897, in-12, br., couv. illust.

Exemplaire sur Japon (n° 47) avec tirage à part sur chine de toutes les illustrations.

96. Montorgueil (Georges). La Vie des Boulevards, Madeleine-Bastille, avec deux cents dessins en couleurs par Pierre Vidal. *Paris, Quantin,* 1896, gr. in-8, br., couv. illust.

Exemplaire sur papier vélin.

97. Montrosier (Eugène). Les Artistes Modernes. *Paris, Launette,* 1881, 3 vol. gr. in-8, 120 planches en photogravure, br., couv. imp.

98. Moreau (Hégésippe). Petits Contes en prose, illustrés d'un portrait et de douze compositions par Félix Oudart. *Paris, Rouquette,* 1892, in-8, br., couv. illust.

Un des cinquante exemplaires sur Japon, avec les figures en deux états.

99 Musset (Alfred de). La Confession d'un enfant du siècle, avec dix compositions de P. Jazet, gravées à l'eau-forte par Adot. *Paris, Quantin,* 1891, gr. in-8, br., couv. illust.

Tirage de grand luxe à cinquante exemplaires numérotés (n° 40) sur Japon pour la librairie Ferroud. Eaux-fortes en trois états.

100. MUSSET (Alfred de). La Mouche, illustrée de trente compositions par Ad. Lalauze. Préface par Philippe Gille. *Paris, Ferroud,* 1892, in-8, br. couv. imp.

Un des 60 exemplaires sur Japon (n° 13) avec les eaux-fortes en trois états, eaux-fortes pures, état terminé avec remarques et suite dans le texte.

101. **MUSSET** (Paul de). Le Dernier abbé, illustré de dix-neuf compositions par Ad. Lalauze, préface par Anatole France. *Paris, Ferroud,* 1891, in-8 br., couv. illust.

> Un des quarante-deux exemplaires sur Japon (n° 5) avec trois états des planches : eaux-fortes pures, états terminés avec remarques et suite dans le texte.
> **Aquarelle de Lalauze ajoutée**.

102. **Nefzaoui**. Le Jardin parfumé, manuel d'Erotologie arabe. *Paris, Liseux,* 1886, in-8 cart. non rog. couv. imp.

103. **Nodier** (Charles). Le Dernier Chapitre de mon Roman ; préface de Maurice Tourneux ; nouvelle édition illustrée de trente-six compositions de Louis Morin. *Paris, Conquet,* 1895, in-8, en feuilles dans un cart. de l'édit., couv. illust.

> Exemplaire sur papier vélin blanc du Marais.

104. **Ouvrages illustrés**. 7 volumes pet. in-8 et in-12, br. couv. illust., et 2 volumes pet. in-8, demi-rel. non rog., couv. illust.

> **Armstrong**. L'Economie de l'Amour, ill. de Fau, 1886. — **La-rocque**. Hémine. — **Louvette**. — **Lesclide**. Contes extra-galants, 1886. — **Lasalle**. L'Hôtel des Haricots, ill. d'Edmond Morin. — **Saulière**. Les Solutions conjugales, ill. d'Henry Somm, 1876. — **Second**. Feux et Flammes, ill. de Régamey, 1888. — **Silvestre** (Armand). Le Conte de l'Archer, ill. de Poirson. — **Virmaître**. Paris Impur, 1891.

105. **PAILLERON** (Edouard). Le Théâtre chez Madame. *Paris, Calmann-Lévy,* 1881, in-12 br., couv. imp.

> Première édition. Orné de **vingt-trois aquarelles originales de Louis Morin**, dont 10 en pleine page, et 13 petits sujets.

106. **Parnasse Satyrique** (Le) du Dix-Neuvième siècle, recueil de pièces facétieuses, scatologiques, piquantes, pantagruéliques, gaillardes et satyriques des meilleurs auteurs contemporains, suivi du

Nouveau Parnasse Satyrique. *Bruxelles, sous le Manteau*, 1881, 3 vol, in-8, frontispice Rops, cart. non rog., fig.

Frontispice de Rops en deux états.

107. **Parnes** (Roger de). La Régence ; portefeuille d'un Roué. — Gazette anecdotique du règne de Louis XVI ; portefeuille d'un Talon Rouge. *Paris, Rouveyre*, 1881, 2 vol. in-8, eaux-fortes par Mesplès et Perret, br., couv. illust. — **Jullien**. Histoire du costume au théâtre. *Paris, Charpentier*, 1880, gr. in-8, figures, br., couv. imp.

108. **Pellico** (Silvio). Mes Prisons, suivi des Devoirs des Hommes, traduction nouvelle par le comte H. de Messey, édition illustrée d'après les dessins de Gérard Séguin, Daubigny, Steinheil, etc. *Paris, Delloye*, 1846, gr. in-8, cart. de l'édit., tr. dor.

109. **Perrault**. Les Contes de Perrault, illustrés par Courboin, Fraipont, Geoffroy, Gerbault, Job, Morin, Robida, Vimar Vogel, Zier, introduction par Larroumet. *Paris, Laurens, s. d.*, in-4, br., couv. illust.

Un des 55 exemplaires numérotés (n° 2) sur Japon, contenant une double suite des gravures réimprimées sur chine.

110. **Pezay** (Marquis de). Zélis au Bain, poème en quatre chants. Edition ornée de figures par Eisen. *Paris, Lemonnyer*, 1883, in-8, en feuilles, cart. illustré en satin de l'édit.

Exemplaire sur Japon (n° 227) avec figures en noir et en couleurs.

111. **Piis** (De). Chansons Nouvelles, ornées de douze jolies estampes de Gaucher, d'après les dessins de Le Barbier. *Paris, Rouquette*, 1891, in-12, br., couv. imp.

112. **Pradel** (Georges). L'Œillet Bleu, dessins de Ch.
Delort. *Paris, Rouveyre*, 1883, in-12, demi-rel. mar.
rouge, dos orné, non rog. *(Reliure à l'œillet)*.
Première édition. Exemplaire sur papier fort.

113. **Prévost** (L'Abbé). Histoire de Manon Lescaut et
du chevalier Des Grieux, préface de Guy de Maupassant, illustrations de Maurice Leloir. *Paris, Launette*, 1885, gr. in-8, br., couv. illust.

114. **Prévost** (Camille). Théorie pratique de l'Escrime,
dessins de Bourgoin. *Paris, Brunhoff*, 1886, in-8, br.,
couv. imp.
Un des 25 exemplaires sur Japon (no 24).

115. **Quicherat**. Histoire du Costume en France depuis les temps plus reculés jusqu'à la fin du XVIIIe
siècle. Ouvrage contenant 481 gravures dessinées
sur bois. *Paris, Hachette*, 1875, gr. in-8, demi-rel.
mar. grenat avec coins, dos orné, tête dor., non rog.

116. **Rameau** (Jean). Poèmes Fantasques, illustrations
de Ary Gauchard. *Paris, Monnier*, 1883, in-8, br.,
couv. imp.
Exemplaire sur Japon (no 4).

117. **Reiber** (Emile). Les Propos de Table de la Vieille
Alsace, illustrés de dessins originaux des anciens
maitres alsaciens. *Paris, Launette*, 1886, pet. in-4,
br., couv. illust.

118. **Réimpression**. — Le Rommant de la Rose, *Paris,
Delarue*, 1878, in-4, figures, br., couv. illust.
Reproduction fac-simile de l'édition Jehan Dupré (vers 1490).

119. **Réimpression**. — Recueil de Pièces Choisies,
rassemblées par les soins du Cosmopolite. *Leyde*,
1865, 2 vol. in-8, cart. non rog.
Exemplaire sur Hollande (no 7).

120. **RICHEPIN** (Jean). Les Débuts de César Borgia, illustrations de Georges Rochegrosse, gravées à l'eau-forte par Paul Avril, F. Courboin, Fornet et Manesse. *Paris, Publié pour la Société des Bibliophiles Contemporains*, 1890, in-8, br., couv. imp.

> Tiré à 186 exemplaires, avec les illustrations en deux états, coloriées dans le texte et le tirage à part des illustrations tiré en noir.

121. **SADE** (le marquis de). Justine ou les malheurs de la Vertu. Reproduction textuelle de l'édition originale (en Hollande, 1791), avec un frontispice gravé. *Paris, Liseux*, 1884, in-8, demi-rel. mar. grenat du Lev. non rog., tête dor. (*Champs*).

> Edition imprimée à 158 exemplaires sur papier de Hollande.

122. **Saint-Pierre** (Bernardin de). Paul et Virginie, illustrations de Maurice Leloir. *Paris, Launette*, 1887, gr. in-8, cart. illustré sur satin, de l'édit. non rog., tête dorée dans un étui.

123. **SCHWOB** (Marcel). La Porte des Rêves, illustrations de Georges de Feure. *Paris, Pour les Bibliophiles Indépendants*, 1899, in-4, br., couv. illust.

> Exemplaire sur Japon (n° 21), illustré de 16 figures hors texte sur bois, 32 encadrements, 13 culs-de-lampe et un frontispice formant tryptique colorié à l'aquarelle à la main.

124. **Shakspeare**. Galerie des Femmes de Shakspeare, collection de 45 portraits gravés par les meilleurs artistes de Londres. *Paris, Delloye*, s. d. dem.-rel. de l'époque, non rogn.

> Première édition.

125. **Silvestre** (Armand). Floréal, illustrations de Georges Cain, préface de Jules Claretie, musique de Massenet. *Paris, Delagrave, s. d.*, in-4, br , couv. illust.

126. **STAAL** (Mme de). Mémoires de Madame de Staal-De Launay, avec une préface par Mme la baronne Double, eaux-fortes par Ad. Lalauze. *Paris, Ferroud,* 1890, in-8, br., couv. imp.

> Un des 50 exemplaires (n° 33) sur papier vélin de cuve, avec les eaux-fortes en deux états.
> On a ajouté **une aquarelle originale de Lalauze.**

127. **STENDHAL**. L'Abbesse de Castro, avec illustrations de Eugène Courboin. *Paris, publié pour les Sociétaires de l'Académie des Beaux-Livres,* 1890, in-8, br., couv. imp.

> Edition tirée à 160 exemplaires (n° 41).

128. **Sue** (Eugène). Le Juif Errant, édition illustrée par Gavarni. *Paris, Paulin,* 1845, 4 vol. gr. in-8, dem.-rel. de l'époque.

> Première édition.

129. **Theuriet** (André). La Vie Rustique, compositions et dessins de Léon Lhermitte, gravures sur bois de Clément Bellenger. *Paris, Launette,* 1888, in-4, cart. non rog., couv. illust.

> Un des 25 exemplaires sur Japon (n° 20).

130. **Theuriet** (André). Reine des Bois, illustré par Laurent-Desrousseaux. *Paris, Boussod et Valadon,* 1890, in-4, br., couv. imp.

> Exemplaire sur papier vélin.

131. **Tissandier** (Gaston). Histoire des Ballons et des Aéronautes célèbres, 1783-1800. *Paris, Launette,* 1887, gr. in-8, planches en noir et en couleurs, br., couv. illust.

> Tirage de grand luxe.

132. **Ulbach** (Louis). Amants et Maris. Illustrations de F. Bac. *Paris, Monnier,* 1886, pet. in-8, br., couv. illust. (frontispice en deux états). — **Aubrain** (Edouard d').

A l'Index, illustrations de Lunel. *Paris, Monnier*, 1887, pet. in-8, dem.-rel. mar. bleu avec coins, dos orné, tête dor. non rog., couv. illust. — **Dubarry** (Armand). Monsieur le Grand-Turc. Illustrations de Leiris. *Paris, Monnier*, 1885, pet. in-8, br., non rog.

Premières éditions. Exemplaires sur Japon.

133. **UZANNE** (Octave). Le Bric-à-brac de l'Amour, préface de J. Barbey d'Aurevilly. *Paris, Rouveyre*, 1879, pet. in 8, frontispice dem.-rel, mar. avec coins, dos orné, tête dor., non rog. — Le Calendrier de Vénus. *Paris, Rouveyre*, 1880, pet. in-8, frontispice dem.-rel. dos orné, non rog., couv. illust.

134. **UZANNE** (Octave). 4 volumes gr. in-8, dem.-rel., mar. orange, avec coins, têtes dor., non rog.

La Chronique scandaleuse, 1879, frontispice. — Anecdotes sur la comtesse Du Barry, 1880 (Exemp. sur papier whatman, frontispice en deux états). — Gazette de Cythère, 1881, front. — Les Mœurs secrètes du XVIIIe siècle, 1883.
Tirages à petit nombre.

135. **UZANNE** (Octave). L'Eventail, illustrations de Paul Avril. *Paris, Quantin*, 1882, in-8, mar. rouge avec ornements et mosaïques sur les plats et sur le dos, dent. int., tr. dor., couv. illust. dans un étui.

136. **Uzanne** (Octave). L'Ombrelle. Le Gant. Le Manchon, illustrations de Paul Avril. *Paris, Quantin*, 1883, in-8, br., couv. illust.

137. **Uzanne** (Octave). Son Altesse la Femme, illustrations de Henri Gervex, Albert Lynch, Félicien Rops, etc. *Paris, Quantin*, 1885, in-8, br., couv. illust. dans un emboitage.

138. **Uzanne** (Octave). La Française du Siècle, modes, mœurs, usages. Illustrations à l'aquarelle de Lynch, gravées à l'eau-forte en couleurs par E. Gaujean. *Paris, Quantin*, 1886, gr. in-8 illust. dans un emboitage.

139. **Uzanne** (Octave). La Reliure Moderne, artistique et fantaisiste, illustrations reproduites d'après les originaux par P. Albert-Dujardin, et dessins allégoriques de J. Adeline, G. Fraipont, A. Giraldon. Frontispice de A. Lynch gravé par Manesse. *Paris, Rouveyre*, 1887, gr. in-8, mar. bleu avec orn. et mos. sur les plats, dos orné, dent. int., tête dor. non rog., couv. imp. dans un étui.

140. **Uzanne** (Octave). Le Miroir du Monde. Notes et Sensations de la vie pittoresque, illustrations en couleurs d'après Paul Avril. *Paris, Quantin*, 1888, gr. in-8, br., couv. illust.

> Exemplaire sur papier vélin.

141. **Uzanne** (Octave). Bouquinistes et bouquineurs. Physiologie des Quais de Paris, du Pont Royal au Pont Sully, illustrations d'Emile Mas, eau-forte frontispice de Manesse. *Paris, Quantin*, 1893, in-8, br., couv. illust.

> Exemplaire sur papier vélin.

142. **UZANNE** (Octave). La Femme à Paris. Nos contemporaines. Notes successives sur les Parisiennes de ce Temps dans leurs divers milieux, états et conditions, illustrations de Pierre Vidal. *Paris Quantin*, 1894, gr. in-8, br., couv. illust.

> Exemplaire sur Japon, avec une double suite de 20 planches hors texte, l'une rehaussée en couleurs, l'autre en épreuves d'artiste avec remarques.

143. **UZANNE** (Octave). Voyage autour de sa Chambre. Illustrations de H. Caruchet, gravées à l'eau-forte par Fréd. Massé, relevées d'aquarelles à la main. *Imprimé à Paris, pour les Bibliophiles indépendants*, 1896, in-4, br., couv. imp.

> Volume entièrement gravé à l'eau-forte et tiré page à page en taille-douce ; les pages décoratives ont été successivement aqua-

rellées à la main. Imprimé à 210 exemplaires numérotés (n° 21), contenant le tirage à part en noir de toutes les illustrations en couleurs, avec des remarques. Après tirage, les cuivres ont été détruits.

144. UZANNE (Octave). Dictionnaire bibliophilosophique, typologique, iconophilesque, bibliopégique, et bibliotechnique, à l'usage des bibliognostes, des bibliomanes et des bibliophilistins. *Paris, imprimé pour les Sociétaires de l'Académie des Beaux-Livres (Bibliophiles contemporains), en l'an de grâce bibliomaniaque,* 1896, in-8, fig., br., couv. illust.

Titre et faux-titre et 31 fig. par Heidbrinck et Granié gravés par Massé, tirés sur Japon, héliogravé en noir et en couleurs. Texte ornementé, — Double couverture, l'une en couleurs par De Feure, l'autre en noir par Massé, emboîtage en vélin estampé sur fond d'or par Belville.

Publié en tout à 176 exemplaires numérotés, pour les seuls sociétaires.

145. Uzanne (Octave). La Nouvelle Bibliopolis. Voyage d'un novateur au pays des Néo-Icono-Bibliomanes, lithographies en couleurs et marges décoratives de Dillon, frontispice à l'eau-forte d'après F. Rops, nombreuses illustrations dans le texte et hors texte. *Paris, Floury,* 1897, in-12, br., couv. illust.

Un des 100 exemplaires sur papier impérial du Japon, avec une double suite des planches hors texte.

146. Uzanne (Octave). L'Art dans la Décoration extérieure des livres en France et à l'Etranger. Les Couvertures illustrées ; les Cartonnages d'éditeurs ; la Reliure d'Art. *Paris, Henri May,* 1898, gr. in-8, figures, br., couv. illust.

Un des 60 exemplaires sur Japon (n° 44).

147. Uzanne (Octave). Les Modes de Paris, variations du goût et de l'esthétique de la femme, 1797-1897, illustrations originales de François Courboin, dans le texte et hors texte, d'après les documents inédits. *Paris, May,* 1898, gr. in-8 br., couv. illust.

Un des 90 exemplaires sur Japon impérial (n° 79) avec double suite de cent planches hors texte, avant le coloris.

148. **Vacquerie** (Auguste). Tragaldabas, édition illustrée de 54 compositions de Edouard Zier, gravées par F. Méaulle. *Paris, Chamerot,* 1886, gr. in-8, br., couv. illust.

Exemplaire sur papier vélin blanc.

149. **Vatsyayana** Les Kama Sutra, manuel d'érotologie hindoue, traduit de la première version anglaise par Isidore Liseux. *Paris, Liseux,* in-8, cart. non rog., couv. imp.

Edition privée, tirée à deux cent vingt exemplaires.

150. **VERHAEREN** (Emile). Les Débâcles. *Bruxelles, Deman,* 1888, in-4, mar. bleu du Lev., dent. int., tête dor., non rog., couv. imp.

Un des cinquante exemplaires sur Hollande (n° 89), enrichi d'un **frontispice** et **quinze dessins originaux** rehaussés d'aquarelle par Coulon, élève de Rops.

151. **Vie Elégante** (La). Littérature, voyages, beaux-arts, modes, sport, illustrations de Rops, Courboin, Robida, Frépont, etc. *Paris,* 1882-1883, 2 vol. gr. in-8, dem.-rel. mar. bleu avec coins, dos ornés, tête dor., non rog., couv. illust. *(Champs).*

Collection complète. Exemplaire sur papier de Hollande avec double suite des figures hors texte.

152. **Vigeant.** L'Almanach de l'Escrime, illustrations de F. Régamey, eaux-fortes de Courtry. *Paris, Quantin,* 1889, pet. in-8, br., couv. imp.

Un des vingt exemplaires sur Japon (n° 16), contenant les eaux-fortes avant la lettre et avec remarques.

153. **Villiers de l'Isle-Adam.** Akédysséril. *Paris, Brunhoff,* 1886, in-8, portrait, frontispice de Rops,

dem.-rel. mar. citron avec coins, dos orné, tête dor.
non rog., couv. imp. (*Canape-Belz*).

Exemplaire sur Japon avec le frontispice de Rops en 3 états.

154. **VOLTAIRE**. Zadig, ou la Destinée. Histoire orientale. Illustrations de J. Garnier, F. Rops et A. Robaudi, gravées en couleurs par Gaujean. *Paris, imprimé pour les Amis des Livres*, 1893, gr. in-8, br., couv. imp.

Edition tirée à 115 exemplaires numérotés à la presse (n° 108), avec les épreuves séparées des 29 planches gravées par Gaujean pour cet ouvrage. Ces épreuves sont disposées suivant l'ordre des tirages successifs, qui donnent comme résultat définitif les gravures en couleurs placées dans ce volume. Elles sont sans aucune retouche.

155. **ZOLA** (Emile). L'Argent. *Paris, Charpentier*, 1891, in-12, br., couv. imp.

Première édition. Exemplaire sur papier de Hollande, orné de **quarante dessins originaux** rehaussés d'aquarelles et d'or par **Coulon**, élève de Rops.

156. **ZOLA** (Emile). Germinal. *Paris, Charpentier*, 1885, in-12, mar. Laval., fil. sur les plats, dos orné, dent. int., tête dor., non rog., couv. imp. (*Meunier*).

Première édition. Exemplaire sur papier de Hollande **orné de seize dessins dans les marges** d'après documents pris sur nature, par **Coulon**, élève de Rops.

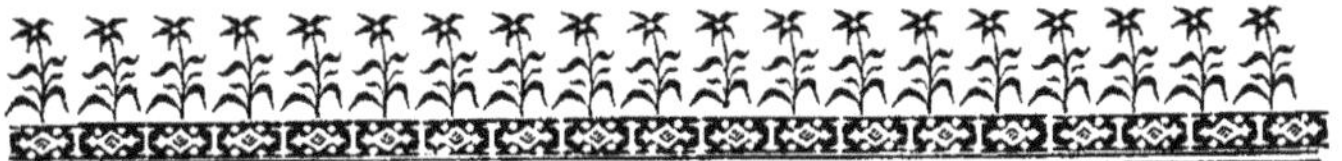

ESTAMPES, CARICATURES, VIGNETTES

ALBUMS

157 — Les Peintres-Lithographes. Album trimestriel de
de lithographies originales et inédites par divers
artistes, publié sous la direction de L. Benedite, H.
Dillon, J. Alboize. Première année. *Paris. L'Artiste,*
1892, in-fol. en feuilles, dans un cart.. couverture
illustrée par Lunois.

> Recueil de 40 belles lithographies tirées à cent exemplaires sur
> papier de Chine.

158 — Les Mystères de l'Amour. Etudes intimes. *Paris, s. d.,* gr. in-4, dem.-rel. mar. bleu, fil., tr. dor.

> Suite de 50 lithographies finement coloriées.

AVRIL (Paul)

159 — Lettres ornées. — En-tête et lettre ornée.

> Quatre pièces, dont une sur Japon en couleurs. — Illustration
> du nom de Molière, par Leman, en trois états.

BELLIARD, SADRÉ, BAZIN, etc.

160 — Dames de la Cour des XIIe, XIIIe, XIVe, XVe et
XVIe siècles. *Paris, Delpech,* 1815, pet. in-fol. dem.-
rel.

> Trente pièces en couleurs.

BOUCHER. — OUDRY. — VAN LOO

161 — Le Signe (*sic*) effrayé. — Abois du cerf. — La
Chasse au loup. — La Chasse au sanglier. — Chas-

se au tigre. — Chasse à l'ours. — Lions et lionnes.
— Vaches, chèvres.

Neuf pièces.

BOUTET (Henri)

162 — Pointes Sèches. 100 Fac-Simile. *Paris, Fortier-Marotte*, 1898, in-4, br., couv. illust.

Un des 50 exemplaires (n° 14) sur Japon, avec les eaux-fortes en trois états.

163. — Autour d'elles. Le Lever, préface d'Armand Silvestre. — Les Modèles, préface de Georges Montorgueil. *Paris, Ollendorf*, 1897, 2 vol. in-folio en feuilles, cart. de l'édit.

Le premier album est sur papier vélin du Marais, avec les lithographies en deux états ; le second est sur Japon, avec les lithographies en trois états ; d'après les pastels tirés en différents tons et une lithographie originale ne figurant pas dans l'album.

CALLOT (Jacques)

164 — Le Martyre des Douze Apôtres. *Paris, Pasquier*, suite de 15 pièces. — La Passion de Notre-Seigneur. Suite complète de 12 pièces. — Les Bossus. *Frenza*, 1616, suite complète de 21 pièces.

Ensemble 48 pièces.

CHELMONSKI

165 — Râkoczi indulo. Scène militaire en Pologne.

Fac-simile d'aquarelle.

CHÉRET (Jules)

166 — Eventail.

Lithographie tirée à la sanguine.

DORÉ (Gustave)

167 — La Légende du Juif-Errant. *Paris, Michel Lévy*, 1856, in-fol., couv. illust.

Première édition.

DUPLESSI-BERTAUX

168 — Suite de Mendiants, gravés à l'eau-forte, en un vol. in-18, br.

Douze pièces.

ÉCOLE DU XVIIIe SIÈCLE

169 — Leçon de flute. — Le Contrat. — Le Baiser à la dérobée. — Ah ! Ah ! qu'il est sot. — Sic victoria victis. — Phaéton. — Daphné et Apollon. — La Mort de Coligny. — Les Bœufs. — La Nappe d'eau. — Creüse brulée.

Onze pièces d'après Boucher, Boilly, Fragonard, Le Sueur, Potter, Troy, etc., gravées par Petit, Gaillard, Château, Dupuis, Benazech, Denou, etc.

170 — La Mort de Sainte Monique. — Le Doux repos des bergers. — La Tentation de Saint Antoine. — Bacanale. — Siège d'Olmutz. — Le Florentin à la chasse. — Pardon accordé aux révoltés du Caire, etc.

Trente-huit pièces d'après Casanova, Della Bella, Callot, Folkema, Poussin, Lautherbourg, Chereau, etc., gravées par Beauvarlet, Dupuis, Laurent, etc.

EISEN

171 — Suite de gravures pour illustrer les Contes et Nouvelles en vers par La Fontaine, collection des Fermiers Généraux. *Paris, Lemonnyer*, 1884, in-8, en feuilles, dans un cart., couv. imp.

Exemplaire sur Japon.

EISEN, LE BARBIER et **MOREAU** Jeune

172 — Suite complète pour Le Temple de Gnide. — Pygmalion. — Les Quatre Heures de la Toilette des Dames. *Paris, Cahen et Lemonnyer*, 1881, in-4, cart.

Ensemble trente-quatre planches, réimpression sur Japon.

FRAIPONT

173 — Programme de Marion de Lorme, de Victor Hugo, 1885.

Exemplaire sur Japon.

GAVARNI

174 — Œuvres choisies, préface de Th. Gautier. *Paris, Hetzel,* 1846.

> Cent planches.

HANS

175 — Tête d'enfant, d'après Van Dyck.

> Belle épreuve.

HARRADEN

176 — Vues de Cambridge, 1829, 59 planches en un vol. in-8, obl., dem.-rel.

HÉDOUIN (Edmond)

177 — Illustrations pour le Théâtre de Molière, dessinées et gravées à l'eau-forte. *Paris, Morgand,* 1888, in-4 en feuilles, couv. imp.

> Suite J (n° 27). Epreuves avant l'encadrement, avec la signature de l'artiste.

HENNER

178 — Femme nue.

> Belle épreuve.

HOLMER

179 — Six Vues d'Angleterre, gravées par Piringer. *Paris, Tessier, s. d.,* in-4 obl. en feuilles.

> Belles épreuves. Six pièces et un frontispice.

LA FONTAINE

180 — Suite d'estampes d'après Lancret, Pater, Eisen, Boucher, etc., pour illustrer les Contes de La Fontaine, gravées au burin par Depollier aîné, 38 planches et deux vignettes gravées en taille-douce. *Paris, Lemonnyer,* 1885, in-4 en feuilles, dans un cart. de l'édit.

> Exemplaire sur Japon. Figures en bistre. Epreuves avant la lettre.

LAVRINCE

181 — Le Bain.

> Epreuves sur Japon en deux états, en couleurs et bistre. Réimpression.

182 — L'Aveu difficile.

Epreuve sur Japon en couleurs, avant la lettre. Réimpression.

183 — L'Indiscrétion. — La Comparaison.

Deux pièces en couleurs. Réimpressions Lemonnyer.

LEBRUN (C.) — VERNET (J.)

184 — Ainsy par la Vertu s'élèvent les héros. — La Carmélite. — Ils verront celuy qu'ils ont percé. — Jugement dernier. — Les Pécheurs. — La Belle nuit. — Port de Livourne. — Les Navigateurs au désespoir. — L'Onde agitée.

Dix pièces.

LÉONARD

185 — Femme à l'écran. — Seigneur espagnol. — La Guerre. — Descente de croix.

Quatre lithographies, dont une avec dédicace de l'artiste. Belles épreuves.

LEPÈRE (A.)

186 — Réception officielle et banquet.

Belle épreuve sur Japon, avec remarque, signée par l'artiste.

LE SUEUR (Eustache)

187 — La Vie de St Bruno, fondateur de l'ordre des Chartreux, peinte au cloître de la Chartreuse de Paris, gravée par François Chauveau. *Paris, Chereau, s. d.,* in-fol. en feuilles, couv. illust.

Suite complète de vingt-deux planches.

MICHALLON (Achille)

188 — Vues d'Italie et de Sicile. *Paris, Decrouan, s. d.,* in-fol.

Suite complète de vingt lithographies sur Chine.

PIGAL — GRANDVILLE — SCHEFFER, etc.

189 — Mœurs parisiennes, 7 p. — Scènes de société et Scènes populaires, 15 p. — Les Métamorphoses du jour, 28 p. — Ce qu'on dit et ce qu'on pense. — Ta-

bleaux de Paris. — Grisettiana. — Caricatures parisiennes, etc., 21 p. Ensemble 71 pièces en couleur, un vol. in-4, dem.-rel.

PIQUET

190 — Française de 1889.

Eau-forte. Epreuve sur Japon.

RAMBERG

191 — Suite de six estampes dessinées et gravées au trait, pour illustrer les Contes de la Fontaine. *Paris, Lemonnyer*, 1884, in-4, en feuilles, couv. imp.

Exemplaire sur Japon. Figures avant la lettre.

REGNAULT

192 — Le Lever.

Epreuve sur Japon en couleur. Réimpression.

REMBRANDT

193 — Recueil factice de 115 estampes originales, têtes, paysages et différents sujets, la plupart d'après Rembrandt, en un vol. in-fol. cart.

Belles épreuves.

RENOUARD (Paul)

194 — La Danse. Vingt dessins transposés en harmonies de couleurs. *Paris, Gillot*, 1892, in-fol. figures sur chine, en cart.

Ex-libris d'Octave Uzanne. Rare, tiré à 295 exemplaires. Ouvrage encore peu connu des bibliophiles, mais qui restera, à n'en pas douter, l'un des livres les plus curieux du XIXe siècle, tant pour le sujet que pour l'exécution.

195 — L'Opéra, trente eaux-fortes, préface de Ludovic Halévy. *Paris, chez l'auteur, s. d.* (1893), in-fol. dans un cart. de l'édit.

Ex-libris d'Octave Uzanne.

RÉVOLUTION

196 — Collection de papiers monnoyes qui ont eut cours depuis l'année 1789 jusques 1796. — Souvenirs

numismatiques de la Révolution de 1848, recueil
complet des médailles, monnaies qui ont paru en
France depuis le 22 février jusqu'au 20 décembre
1848, par Saulcy, figures.

Deux pièces en couleur et un vol. in-4, dem.-rel.

RIGAUD (H.)

197 — Portrait de Elizabeth de Gouy, femme de Hya-
cinthe Rigaud, gr. pas. Wils, 1743.

Belle épreuve.

ROBIDA

198 — Les Amoureuses de la Tour Eiffel.

Belle épreuve, signée par l'artiste.

ROSA (Salvator)

199 — Suite de 60 planches. *A Paris, chez Chereau, s.
d.,* in-8, br.

SAINT-AUBIN (Aug. de)

200 — Le Concert. — Le Bal.

Deux pièces, dont une avant la lettre. On a ajouté une épreuve du *Concert* avant la lettre. Réimpressions.

SÉRÉ (F.) — CIAPPORI, etc.

201 — Les Arts somptuaires du moyen-âge et de la
Renaissance. *Paris,* 1878, 134 planches chromolit.,
en un vol. in-4, dem.-rel., mar. bleu avec coins, tr.
dor.

TAUNAY

202 — La Foire de village.

Epreuve sur Japon en couleurs, avant la lettre. Réimpression.

TÉNIERS (David)

203 — Environs d'Anvers. — Départ pour le Sabat. —
Arrivée au Sabat. — Retour de Guinguette. — La
Fileuse Flamande, etc.

Sept pièces.

TROY (de)

204 — Portrait de M. de Julienne, 1752.
> Belle épreuve. Il tient en mains le portrait de Watteau.

VAN DER MEULEN

205 — Paysages. — Scènes de Guerre. — Chasses, etc.
> Douze pièces. Belles épreuves.

VIGNETTES

206 — Suite pour illustrer les *Quatre heures de la toilette des dames* par Favre, dix pièces par Leclerc.
> Réimpression sur Japon en trois états.

207 — Suite de douze pièces sur Chine de Eisen pour la *Pipe cassée* par Vadé.
> Réimpression en trois états.

208 — Suite complète de 47 pièces de Eisen pour les *Baisers* par Dorat.
> Réimpression sur papier vergé.

209 — Suite d'Estampes des principaux sujets des Comédies de Molière, d'après Coypel, gravées par de Mare. *Paris, Lefilleul, s. d.*, pet. in-fol., papier de Hollande, en feuilles, couv. illust.

210 — Suite des sept portraits sur Chine pour *Paul et Virginie*, d'après T. Johannot, Meissonier.

211 — Suite complète pour illustrer les Œuvres de J.-J. Rousseau, d'après Moreau le jeune, Le Barbier.
> Trente-sept pièces in-4. Belles épreuves et 1 portrait.

212 — Vignettes pour les œuvres de Chateaubriand, d'après les dessins de Alfred et Tony Johannot. *Paris, Furne*, 1832, 25 pièces. — Gravures, portraits, vues, cartes, pour les œuvres de Chateaubriand, d'après les dessins de Horace Vernet, Tony Johannot, Raffet, etc. *Paris, Pourat*, 1836, in-4, 90 pièces.
> Ensemble 115 pièces dans les couvertures imprimées de publication.
>
> Tirage sur grand papier.

AQUARELLES

COULON (Emile)

213 — Les Poupées. Yvette. — Olga
Deux aquarelles signées.

214 — Courtisane athénienne.
Aquarelle signée.

215 — Femme en croix.
Aquarelle signée.

216 — Une Écuyère. — Ballerine.
Deux aquarelles signées.

217 — Les Danses exotiques. Sauteuse Javanaise. — Danse marocaine. — Danses des Steppes. Russie d'Asie.
Trois aquarelles signées.

218 — Danses fin de siècle. Danseuse genre Loïe Fuller. — Moulin Rouge.
Deux aquarelles signées. Encadrées.

219 — Ancien régime. Manants, canaille, faites place !... Place à Madame du Barry.
Aquarelle signée. Encadrée.

220 — Le Veau d'or. Tu ne feras point d'idole.
Aquarelle signée. Seule esquisse existante de son tableau.

221 — Théodora.
Suite de douze aquarelles pour la pièce de Victorien Sardou.

LEBÈGUE

222 — Ces Dames, suite de douze aquarelles originales signées.

ROEDEL

223 — Femme nue vue de dos.
Aquarelle signée.

BAUGÉ (M.-et-L.). — Imp. Daloux, R. Dangin, S^r

www.ingramcontent.com/pod-product-compliance
Ingram Content Group UK Ltd.
Pitfield, Milton Keynes, MK11 3LW, UK
UKHW031739170726
13836UKWH00002B/753